AF263131

(Conserver la couverture.)

NOTICE

SUR

L'ABBÉ JEAN BART

CURÉ DES LUCS (VENDÉE)

Par l'Abbé Ferdinand BAUDRY,

OFFICIER D'ACADÉMIE.

LUÇON

F. BIDEAUX, IMPRIMEUR DE Mgr L'ÉVÊQUE

—

1876.

Ln 27 29644 14 1876

L 27 n 29644

14
1876

NOTICE

SUR

L'Abbé Jean BART

(Curé des Lucs).

—

L'abbé Jean Bart, curé des Lucs, n'est plus ; il s'est éteint dans son presbytère, le 2 juillet 1876.

Né en 1824, de parents aux mœurs patriarcales, à la Corbière, paroisse de Saint-Maurice-le-Girard, il commença ses humanités sous la direction de l'excellent curé de Cheffois, M. Vexiau ; il entra, au mois d'octobre 1838, au petit séminaire de Chavagnes, où bientôt il se fit remarquer par l'ardeur de son imagination, la bonté de son cœur et l'amabilité de ses manières. Le directeur de la petite Académie instituée dans cet établissement,

le prit en amitié et le lança tout jeune
sur la scène pour jouer des rôles qui sem-
blaient au-dessus de ses forces ; ce choix
était heureux, car ce fut l'éveil donné à
un talent qui n'attendait qu'une occasion
pour poindre et sortir de ses langes. On
se rappelle encore l'effet qu'il produisit
sur le théâtre, dans la pièce intitulée :
Just et Pasteur, martyrs, représentée de-
vant Mgr Soyer, à la distribution des
prix, en 1841. La dignité de son maintien,
la limpidité de sa parole, la vivacité de
ses regards, l'animation de son débit où
son âme passait tout entière, frappèrent
tous les auditeurs. C'était le prélude des
succès oratoires qu'il devait obtenir un
jour dans les chaires chrétiennes.

Devenu professeur à son tour, dans le
même petit séminaire, il aima ses élèves
d'un amour de père et en devint facile-
ment l'idole ; ils parlent encore avec
bonheur de son entrain et de l'attention
qu'il avait de leur procurer le plus de
satisfaction possible ; aussi le P. Baizé,
qui dirigeait le petit séminaire avec une
admirable sagesse, avait-il pour lui l'es-

time la plus grande et l'amitié la plus sincère.

Élevé à la prêtrise, le 19 septembre 1850, il quitta l'enseignement quatre ans après. Mgr Baillès qui l'honora de son amitié, le nomma vicaire, d'abord aux Sables-d'Olonne, et six semaines plus tard, à Luçon, où il resta pendant deux ans. Son cœur sympathique trouva un écho dans ces deux villes ; les hommes instruits, comme le peuple, s'attachèrent à lui ; on courut au pied de sa chaire, on se passionna pour sa parole vibrante qui allait au fond du cœur. La cure des Lucs étant devenue vacante, Mgr Delamarre, qui avait pour lui une affection toute particulière, lui confia ce poste plus difficile encore qu'il n'était important, car les fidèles, divisés entre eux, formaient deux partis bien tranchés. En lui faisant ses adieux, Monseigneur lui dit : « Allez, mon enfant, et montrez-vous non-seulement prêtre, mais encore un ange de paix. »

Il part ; le voilà au milieu de ses brebis, le visage rayonnant de douceur et de suavité ; il les aborde et leur parle avec ce ton de persuasion qui calme les esprits et rapproche les intelligences et les cœurs. Bientôt il put dire au digne Prélat : « le démon de la zizanie s'est enfui de la paroisse, il n'y a plus ici que des frères unis entre eux et serrés comme un seul homme autour de leur pasteur. »

L'abbé Jean Bart trouva un protecteur et un père dans Mgr Colet comme dans Mgr Delamarre. Ce vénérable évêque, aujourd'hui archevêque de Tours, avouait lui-même dans l'intimité, que le curé des Lucs, était l'un des deux prêtres qui avait acquis, de prime abord, à son entrée dans le diocèse, ses sympathies les plus vives ; il lui en donna des preuves pendant tout son épiscopat ; il l'aida constamment de ses deniers dans les œuvres qu'il entreprit, souvent au-delà de ses ressources financières ; il l'emmena avec lui dans le premier voyage qu'il fit à Rome et le présenta au Saint-Père qui le bénit et l'enrichit de faveurs spirituelles toutes spéciales.

Mais revenons aux Lucs. La paix était à peine faite que l'Autorité ecclésiastique, pour éviter sans doute de plus grands malheurs, lui imposa le sacrifice de la perte d'une partie de ses paroissiens. Si encore on avait créé pour eux une nouvelle paroisse vendéenne, appartenant toujours à la grande famille des Croisés de 1793, son âme sensible en aurait été consolée ; mais non, ils devaient devenir bretons et habitants de la Loire-Inférieure. Ainsi le voulait un Ministre de l'Empire qui ne savait pas que son omnipotence se briserait bientôt contre une pierre sépulcrale. Le Pape, pour des raisons que nous devons respecter, consent à ce remaniement territorial ; il envoie aux Lucs Mgr Guibert, archevêque de Tours, aujourd'hui cardinal-archevêque de Paris, pour signifier au curé que sa paroisse est canoniquement amoindrie. L'abbé Jean Bart le reçoit avec tout le respect dû à son rang et prononce un discours, rendu public immédiatement, dans lequel on ne sait ce qu'il faut admirer le plus : ou l'amour d'un pasteur, défendant, avec l'énergie de la lionne, les brebis dont on veut le séparer, ou la docilité de l'enfant se soumettant humblement aux prescriptions du Chef de l'Eglise.

L'abbé Bart dont la devise était *Dieu et le Roi,* méritait de l'avancement dans la hiérarchie ecclésiastique ; les deux évêques, ses amis, voulurent tour à tour lui donner un poste plus élevé ; les exigences de la politique y mirent obstacle, il dut se résigner à vivre et à mourir au milieu de ses chers paroissiens.

L'abbé Jean Bart était l'homme des grandes œuvres. On lui doit aux Lucs : le bienfait de deux missions, prêchées à dix ans d'intervalle, par les révérends Pères de Chavagnes ; — et dans un autre ordre de choses, les trois nouvelles cloches dont les harmonies sont si douces à l'oreille ; — le calvaire en granit, béni par Mgr Delamarre, érigé dans l'ancien cimetière, converti aujourd'hui en place publique ; — deux autres calvaires, à la croix de bois, émaillés de cœurs dorés ; — la restauration au Petit-Luc, dans les proportions d'une simple chapelle, de l'église de Notre-Dame, dont la Vierge portait, au XIIIe siècle, une couronne en cuivre doré, ornée de pierres précieuses, comme en font foi les pinnacles qui sont de cette époque. La couronne longtemps enfouie sous l'autel primitif, fait maintenant partie de mon musée.

Cette chapelle, flanquée au nord d'un tumulus, dont la pointe sert de piédestal à une statue de la Sainte Vierge, est ornée à l'extérieur, de statues grandioses dues à l'habile ciseau de M. PierreRenaud, de Luçon, et à l'intérieur, de verrières d'un beau coloris et d'une admirable fraîcheur. Elle s'élève à environ 50 mètres au-dessus de la rivière de la Boulogne qui coule à ses pieds. Cette chapelle est appelée la chapelle de *Notre-Dame des Lucs, Reine des martyrs,* parce qu'après le massacre sur les lieux mêmes d'un grand nombre d'habitants de la paroisse, le 5 mars 1794, leurs restes vénérés y furent ensevelis dans une fosse commune qui fut retrouvée en 1863, avec des débris de chapelets et de scapulaires du Sacré-Cœur. Bénie par Mgr Colet, le 16 octobre 1867, au milieu d'un concours immense de fidèles, tant de la Vendée que de la Bretagne, elle est devenue depuis le but d'un pèlerinage public; celui du 14 septembre 1874, fut féerique, surtout par sa fête de nuit.

L'abbé Jean Bart n'était point un écrivain, il n'a fait imprimer qu'un seul opuscule intitulé : *Chapelle de Notre-Dame des Lucs, avec le martyrologe des habitants des Lucs, assassinés le vendredi 28 février 1794 (1);* mais il méritait le titre d'orateur populaire; son éloquence avait pour effet de remuer les masses. Dans les grandes circonstances particulièrement, elle éclatait souvent comme la foudre; renversant tous les obstacles, elle arrivait jusqu'aux fibres de l'âme où elle remportait un facile triomphe.

Sa paroisse ne suffisant pas à son zèle, il parcourait chaque année une partie du diocèse pour prêcher des retraites, des fêtes patronales, des premières communions, des bénédictions de cloches, des érections de chemin de croix. Un

(1) Nantes, Libaros.

jour, c'était le 17 mai 1859, Mgr Delamarre bénit la gracieuse chapelle gothique élevée à l'endroit où le P. Baudouin célébra sa dernière messe et rendit son âme à Dieu ; le Prélat donna la parole à l'abbé Jean Bart ; son discours fut admirable d'à-propos ; les tableaux qu'il traça des œuvres de l'homme de Dieu furent si saisissants et portèrent si bien dans les cœurs la conviction de sa sainteté, que Monseigneur, après avoir exalté lui-même les vertus du P. Baudouin, promit de commencer l'enquête pour l'introduction de la cause de sa béatification. Il était réservé à son successeur, Mgr Colet, de constituer le tribunal ecclésiastique qui devait mener à bonne fin cette grande affaire.

Le curé des Lucs annonçait la parole de Dieu même en dehors du diocèse, et les Frères de la Doctrine chrétienne de Nantes et de Niort n'oublieront jamais le bien produit par ses conférences aux nombreux élèves de leurs pensionnats. Il semblait que la chaire fut son élément; aussi devait-il être victime de son zèle et

succomber comme un vaillant capitaine,
par suite des blessures reçues en pleine
poitrine sur le champ d'honneur. Les
stations du Jubilé de 1875, prêchées suc-
cessivement à Givrand, à Saint-Gilles et
à l'Aiguillon-sur-Vie, affaiblirent sa forte
constitution ; les refoidissements qu'il
éprouva dans des confessionnaux, impro-
visés souvent à la porte glacée des églises,
firent au sommet de ses poumons une
brèche irréparable.

Après un dernier panégyrique, pro-
noncé à Saint-Vincent-sur-Graon, le
22 janvier 1876, il dut prendre un repos
forcé et garder la chambre, du 2 février
au 2 juillet, jour de sa mort. Ce jour était,
cette année, le dimanche où l'on célébrait
la solennité de la fête de saint Pierre,
patron de la paroisse ; c'était en même
temps le jour d'une grande assemblée
pour les Lucs. Or, tel était l'ascendant
qu'exerçait l'abbé Bart sur tout le doyenné
du Poiré-sur-Vie et au-delà, qu'il n'y eut
toute la journée ni danse, ni paroles
bruyantes, ni actes d'ivrognerie, ni quoi
que ce soit qui put porter ombrage aux

chères dépouilles du défunt. Il était mort à une heure du matin ; quand, à quatre heures, le glas funèbre, plusieurs fois répété ensuite, eût fait connaître sa mort, le deuil des fidèles prit les proportions d'un deuil public ; on le vit bien, le mardi 4 juillet, quand 3,000 personnes, ayant à leur tête trente-cinq prêtres, accoururent pour pleurer sur son cercueil.

M. l'abbé Millasseau, doyen du Poiré-sur-Vie, se fit l'interprète de tous, quand, dans une courte et chaleureuse improvisation, il montra l'étendue de la perte que faisaient , dans sa personne , les pauvres, les riches, ses paroissiens grands et petits et les amis nombreux qu'il comptait dans toutes les classes de la société, principalement dans le clergé.

Tel fut l'abbé Jean Bart. S'il eut un défaut, ce fut celui de dépasser la limite commandée par l'état de ses finances, dans les œuvres qu'il ne cessa d'entreprendre pour l'honneur de la religion; mais si nous faisons cet aveu que réclame la vérité historique , souvenons-nous qu'il vécut et mourut pauvre et qu'il se dévoua tout entier au service de Dieu ; aussi avons-nous la douce confiance, que le 2 juillet, quand à une heure du matin, il se sera présenté à la porte du ciel, dont saint Pierre a les clefs, Jésus-Christ lui aura dit, en présence de ses anges : « J'ai eu faim et vous m'avez donné à manger, j'ai eu soif et vous m'avez donné à boire, vous avez vêtu en mon nom, la veuve et l'orphelin, vous avez élévé un beau monument à Marie, ma mère, vous m'avez bâti, à moi, des sanctuaires vivants, en purifiant les âmes de vos frères, vos œuvres parlent pour vous, entrez, bon serviteur, dans la joie de votre Seigneur. » Cette pensée nous console, nous qui sommes ses amis ; il ne nous reste plus qu'à l'imiter dans le zèle dont il était dévoré pour le salut du prochain.

Le Bernard, 6 juillet 1876.

L'abbé Ferdinand BAUDRY.

Luçon, F BIDEAUX, imprimeur de Mgr l'Evêque et du Clergé.

LUÇON, TYP. BIDEAUX.

www.ingramcontent.com/pod-product-compliance
Lightning Source LLC
Chambersburg PA
CBHW050748070726
47597CB00009B/4125